सत्य है गुनाह

(काव्य संग्रह)

डॉ. आर. के. तिवारी 'मतंग'

दिल्ली-110089, (भारत)

प्रथम संस्करण : 2021

ISBN : 978-93-90889-61-7

मूल्य : 175/-

आवरण : ज्योति

सत्य है गुनाह (काव्य संग्रह)

डॉ. आर. के. तिवारी 'मतङ्ग'

Saty Hai Gunah (Kavya Sangrah)

Dr. Rajendra Kumar Tiwari

Published by

PRAKHAR GOONJ PUBLICATION

H-3/2, Sector-18, Rohini, Delhi-110089

Email : prakhargoonj@gmail.com

sinha.neelu123@gmail.com

Ph. : 7982710571, 7838505899, 011-42635077

web : prakhargoonjpublications.com

समर्पण

माता
स्व. श्रीमती कलावती देवी एवं
पिता स्व. श्री दीनानाथ तिवारी जी के चरणों में सादर समर्पित ।

दो शब्द

पुस्तक ''सत्य है गुनाह'' एक सम-सामयिक रचनाओं का सागर है। समाज में जाति-धर्म को मुद्दा बनाकर विद्वेषण का कार्य होता ही रहा है।

इसी विषय को ध्यान में रखते हुए तथा विसंगतियों से प्रेरित होते हुए इस काव्य संग्रह की रचना की गई। मैंने उक्त पुस्तक की सभी रचनाओं को भलीभांति पढ़ा है। मैं पुस्तक एवम रचनाकार दोनों की उज्जवल भविष्य की कामना करता हूँ।

राजीव तिवारी
संपादक-पब्लिक आंदोलन

भूमिका

जैसा कि आप सभी जानते हैं कि आम जनमानस भ्रष्टाचार, शोषण, झूठ, फरेब आदि के डर से कभी उबर ही नहीं पाया। हर व्यक्ति डरा हुआ प्रतीत होता है। हर व्यक्ति इसकी शिकायत करते पाया जाता है। तमाम प्रयासों के बाद ऐसी स्थिति बनी ही रहती है।

प्रायः बचपन से ही देखा जाता रहा है कि लगभग हर छोटा बड़े का शिकार बन जाता है या उसे डर बना रहता है। समाज की स्थिति ऐसी है कि आज अगर एक भी महिला घर से बाहर निकलती है तो भयमुक्त नहीं रह पाती। आदमी से आदमी डरता है। ईश्वर ने आदमी को सर्वश्रेष्ठ बनाया परंतु आदमी ने ही आदमी का जीना हराम कर दिया और जानवर तक को नहीं छोड़ा। हर व्यक्ति डर में जी रहा है। हर व्यक्ति आभाव में जी रहा है। अपना तत्काल पराया हो जाता है। शिक्षित व्यक्ति अशिक्षित की चाकरी करने पर मजबूर है। समाज में आर्थिक दूरियाँ इतनी बढ़ती जा रही हैं कि लोग अपने से कमजोर को आदमी ही नहीं समझते। लोगों के साथ बैठना तो दूर, मिलना भी पसंद नहीं करते। धर्म के नाम पर शोषण होता है। तमाम पूज्य स्थानों से जेलों तक की यात्रा करते गौरवान्वित महसूस करते हैं जिससे आम जनमानस काफी आंदोलित रहता है। प्रायः छोटे तबके के बाल, वृद्ध एवम महिलाओं की स्थिति दयनीय दिखती है। लोगों में विश्वास की कमी दिखती है। कोई किसी की सुनता नहीं।

इन्हीं बातों से प्रभावित होकर मैंने अपनी बातों को कविता के माध्यम से समाज के मध्य रखने का प्रयास किया।

डॉ. आर. के. तिवारी 'मतङ्ग'

अनुक्रमणिका

1) क्या पता आएं — 13
2) सच के साथी — 14
3) रे कोरोना रुक जा — 15
4) है नजर बस यहाँ से वहाँ तक — 17
5) कोरोना से ज्यादा डर — 18
6) कोई बता दे मुझे — 19
7) क्यों न खुद से ही — 20
8) कोरोना का जोर — 21
9) माँ को ध्याऊँ उसे बुलाऊँ — 22
10) बड़े मशहूर हैं बालम — 23
11) सच लिखता हूँ तो — 24
12) बागबाँ ही लूटता है — 25
13) हूँ जरा अस्वस्थ — 26
14) जै भारत जै भारत भूमि — 27
15) दर्द ऐसी उमस जैसा — 29
16) जख्मों से हम — 30
17) अब तू ही बता ऐ रब मेरे — 31
18) थी प्रीति जहाँ की रीति सदा — 32
19) लिखते लिखते लिख गया — 33
20) टूटकर चाहा था जिसको हमने — 35
21) रहनुमा जितने थे रहजनी में लगे — 36
22) विद्वानों की बात करें क्या — 37
23) दिल पर कभी लगती नहीं — 38
24) एक एक पाई के लिए — 39
25) मंच पर जुगाड़ से — 40
26) कोई यूँ ही — 41
27) क्या पता किस ठौर पे — 42
28) हे माँ तेरे लाल का — 43
29) नहीं पता मुझको — 44
30) नित नूतन बस — 45
31) कुछ जातिगत — 46

32)	हमें भी	47
33)	क्या करें	48
34)	गम किसका किस बात का गम है	49
35)	हम भी सुने तुम्हारी	50
36)	मैं अलबेला निपट अकेला	51
37)	डीजल और पेट्रोल	52
38)	मैं था मेरे लोग थे	53
39)	कलम गही है हाथ	54
40)	कहने पे किया गर किया	55
41)	पत्नी पे क्या लिखूँ	56
42)	देखा बड़े करीब से	57
43)	रकीब ने हबीब का	58
44)	अजगर करे न चाकरी	59
45)	क्या करूँ	60
46)	सत्य है गुनाह	61
47)	वेश बदल बहुरूपिये	62
48)	मुख में राम	63
49)	संतों की छवि कर रहे	64
50)	अज्ञानी अब ज्ञान दें	65
51)	धूरत लड़ा रहे मूरख को	66
52)	अपने भीतर झाँक के देखो	67
53)	दिखावा बदसलूकी छोड़ दें	69
54)	दूरियाँ बढ़ती जाती हैं	70
55)	मैं और मेरे पिता	71
56)	बेटी बचाओ बेटी पढ़ाओ	73
57)	उसकी जिद है कि	74
58)	लुटता अगर गरीब है	75
59)	हुए मशहूर हैं बालम	77
60)	नोटों का बंडल	78
61)	नामों की इस भीड़ में	80
62)	दिल ही दिल से कह रहा	81
63)	बातों से काम नहीं चलता	82
64)	बनकर रहा गुलाम	83
65)	गुरुवर का ही ज्ञान	84

क्या पता आएं

या फिर हम गोल हों
क्या पता वो दें
या फिर बेमोल हों
लूट लो जमकर
जमाने को मतज्ञ
क्या पता कि
रोटियों की तोल हो
डर सताता है
निकम्मेपन का अब
झूट मक्कारी
नाटकीपन का अब
क्या पता अब
ढोल में भी पोल हो
पोल खुल जाए
साथ में जेल हो

सच के साथी

छिपे सब हैं यहाँ
काव्य के पाठी
डरे सब हैं यहाँ
मंच पर सहमे हुए
कुछ हैं खड़े
हर तरफ
लाठी ही लाठी है यहाँ
राम तेरे राज्य में
धोबी बहुत
सीता रहती
जंगलों में है यहाँ
घोड़े सब हैं मर रहे
दाने बिना
खच्चरों पर
काठी ही काठी है यहाँ

रे कोरोना रुक जा

कान खोल तू सुन ले

ऊपर से नीचे तक
कितनी पड़ेगी गुन ले

गर तू आया भूल से भी
'मत' के उत्सव पर

पाँच वर्ष तू रोयेगा
चाहे जो कर ले

दारू, मुर्गा, रुपया, पैसा
सब हाजिर है

हैं बिखरे सब पड़े
जमीनों पर तू बुन ले

भूल से भी गर आया
पानी को तरसेगा

मर जाएगी नानी
बस आँसू बरसेगा

गली-गली भरमार यहाँ
अमृत का ठेका

देशी या परदेशी ले
किसने है रोका

एक पैग में तेरा
सत्यानाश भी होगा

मुफ्त मरेगा मुँह में
कुछ बर्दाश्त न होगा

मिला ले सबसे हाथ
बैठकर खा तू साथी

कुछ दिन कर आराम
विदेशी बना ले शाकी

गाँठ बाँध ले बात मेरी
गर आया सुन ले

कुत्तों की भरमार
करेंगे मुँह पे कुल्ले

है नजर बस यहाँ से वहाँ तक

कौन जाने कहाँ से कहाँ तक
प्यारी धरती से है आसमाँ तक
खींचते हैं कफन अब तो ''माँ'' तक
थी जरूरत कभी अब है लालच
तब थे सेवक बने अब हैं घातक
चप्पे-चप्पे पे छिप कर खड़े हैं
अपनों को ही दिखाते हैं ताकत
टूटकर जिनको बख्शा था सब कुछ
लूटकर मुझको रहते हैं नाखुश
लूटते बागबां खुद चमन को
रोये गुल किससे कैसे कहाँ तक
हो गया है हरेक पेड़ लंबा
अब नहीं मिल रही है हवा तक

कोरोना से ज्यादा डर

लम्पट का है
मंचों पर तो सबको डर
संपत का है
शुगर शरीरी को तो डर
कम्पट का हैं
नौटंकी में जलवा तो
'रमपत' का है
रमपत का उप नाम
जिसे न हो मालूम
डर उसको फिर नहीं
किसी झंझट का है
फूहड़ता हर चैनल पर
लहराती है
कविरा, सूर के दोहों का
मतलब क्या है
वर्तमान नारायण
गली-गली घूमें
जंग लगा गांडीव
खेल किस्मत का है

कोई बता दे मुझे

ये क्या लाचारी है
'दारू' का तो ठेका भी
सरकारी है
एक ओर तो खुली
दुकानें दारू की
दूजी कहते
नशा बड़ी बीमारी है
इंसा को अब
इंसा से ही खतरा है
इंसा का इंसा ही अब
व्यापारी है
बाप पिलाये बेटे को
अब लालच में
धन की ऐसी जुगत ही
अब महामारी है

क्यों न खुद से ही

अब इश्क लड़ाया जाये
दिल में बसे खुदा को
जगाया जाए

खुदी की परत-दर-परत
पड़ चुकी जो **मतङ्ग**
क्यों न उसको
करीने से हटाया जाए

चमक उठेगा दिल मेरा
खुदा की बस्ती जो
महकेगा गुल मेरा
खुदा की हसरत जो

चलो सब मिल के
परिंदों को हँसाया जाए
चलो सब मिल के
दरिंदों को भगाया जाए

कोरोना का जोर

नहीं है कोई व्यवस्था
पब्लिक है हैरान
वोट बस लेते नेता
मेरी जरूरत पे
सब आकर भीड़ लगाओ
वरना लाठी खाओ
जो घर बाहर जाओ
जाति-धर्म की
लड़ी लड़ाई जीवन भर जब
कोरोना के नर्तन पर
अब तो शरमाओ

माँ को ध्याऊँ उसे बुलाऊँ

कहाँ-कहाँ अब ढूँढने जाऊँ
कण-कण वासी जगजननी है
अपने ठौर ही उसे बुलाऊँ
बिना खिलाये न खाती वो
मुझ जैसे भूखे नंगे को
विपदा में है गले लगाती
मुझ जैसे इक भिखमंगे को
वो तो मेरे साथ ही रहती
हम ही समझ न पाते हैं
क्योंकि केवल विपदा में ही
हम जो उसे बुलाते हैं
गलती मेरी भूल हूँ जाता
अब न भूलूँ तुझको माँ
ऐसी शपथ तुझे मेरी है
सोच समझ जल्दी आना
आना खाली हाथ न आना
तेरे हाथ ही अब खाना
वरना तो तेरे बिन हे माँ
अच्छा है मेरा मर जाना

बड़े मशहूर हैं बालम

बड़े मगरूर हैं बालम
आह लगने से आदम की
नशे में चूर हैं बालम

कहीं पर हाय तौबा है
कहीं झंडों का रुतबा है
कहीं पर नारे ही नारे
कहीं पर मौत का आलम

सफेदी स्याह से भी बद हुई
दिखती नहीं लेकिन
गीध सब खुश बहुत दिखते
नहीं उनको है कोई गम

हर तरफ मुर्दे ही दिखना
गिद्ध जन की तमन्ना है
दवा दारू लकड़ियों का
महज अफसोस है हमदम

जीत कर मेरे ही बल पे
बने जो आका मेरे हैं
जरूरत पे वो हैं गायब
सड़क पर हर तरफ मातम

सच लिखता हूँ तो

कुछ लोग भौंकने लगते हैं
झूठ लिखता हूँ तो
कुछ लोग चौंकने लगते हैं
सच लिखने की आदत
कलम की ही है जनाब
जब चलती है अपनी धुन में तो
कुछ लोग रेंगने लगते हैं
आँख से जो अंधे हैं
वो देख नहीं पाते
जिनको दिखता है वो
अंधेपन का नाटक करते हैं
दर्द से कराह रही है
भारत माता
अपना क्या जाता है **मतलब**
लोग आबरू से भी खेलते हैं

बागबाँ ही लूटता है

रात-दिन
तू बता दे हे प्रिय
अब क्या करूँ
हो अगर आशीष
प्रभु गुरुदेव का
सत्य ही लिखूँ
सत्य का दम भरूँ
कुछ ही हैं जिनमें
बड़प्पन है यहाँ
कुछ ही हैं अपनाते
अपनों की तरह
आप की छवि
सत्य मानव की लगी
हाथ जोड़ प्रणाम
चरणों में करूँ

हूँ जरा अस्वस्थ

दिमागी पर नहीं
पीता हूँ छककर
शराबी पर नहीं
मायका अपना
बना मैखाना है
सत्य है केवल
बना शकियाना है
झूठों की दुनियाँ
चाँदनी में धुली
पाप को धोये
वो चाभी है नहीं
चोरियाँ अमृत की
होती ही रही
चाँदनी होती गुलाबी
कब नहीं

जै भारत जै भारत भूमि

कैसे कैसे रहे जुनूनी
भारत माता की रक्षा में
खेल खेलते अपना खूनी

आज भी देखो बहुत जुनूनी
दिन दूनी और रात चौगुनी
कफन तलक चोरी कर लेते
अपने घर ही दोनों जूनी

कोई नचाये शौक में लड़की
किसी के घर में कड़की कड़की
बिन व्याही बेटी घर बैठी
माँ बापू की चिंता दूनी

कभी किसी ने न सोचा था
ऐसा समय लूट का होगा
गली मोहल्ले सजे मिलेंगे
कालनेमि का पहरा होगा

असल संत सब छुपे हुए हैं
डर के मारे कमरों में
दिनों रात सब ईश पुकारे
बंदूके हैं सपनों में

त्रेता द्वापर की बातें अब
कलयुग में समझाने वाले

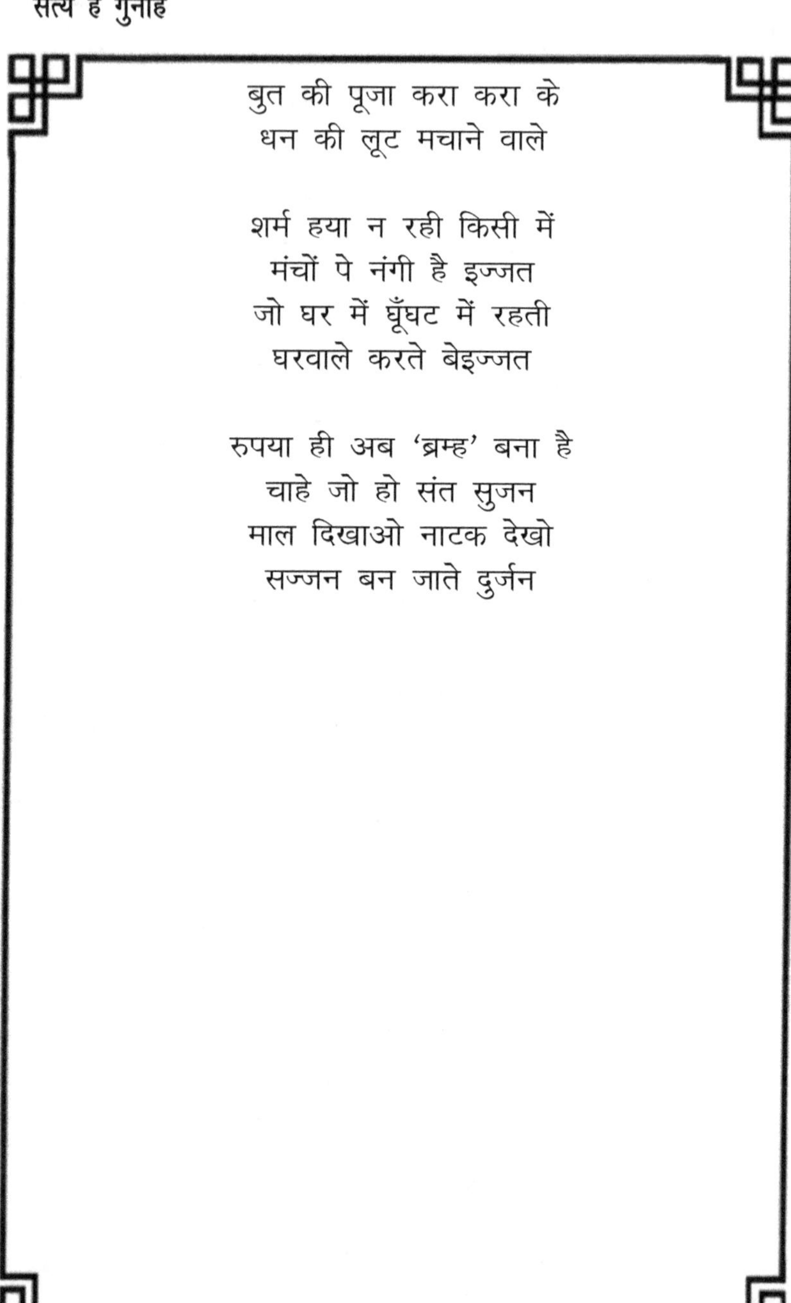

बुत की पूजा करा करा के
धन की लूट मचाने वाले

शर्म हया न रही किसी में
मंचों पे नंगी है इज्जत
जो घर में घूँघट में रहती
घरवाले करते बेइज्जत

रुपया ही अब 'ब्रम्ह' बना है
चाहे जो हो संत सुजन
माल दिखाओ नाटक देखो
सज्जन बन जाते दुर्जन

दर्द ऐसी उमस जैसा

कि आँसू सूख ही जाएँ
है हिम्मत अब कहाँ किसमें
यहाँ बेखौफ जो गाये
शरीफेजद हैं दुबके मंच पे
नंगे उछलते हैं
कहाँ कोयल में ताकत है
जो अपनी रागिनी गाये
जो उजले तन या काले मन
वही अठखेलियाँ करते
कवि को इक नसीहत है
वो शोभा मंच की बनकर
गिनें गूथें बैठकर इश्क में
फिर अपने घर जाएँ
बोलना गर ज़रूरी हो तो
लहजे में हुजूरी हो
हसीनों से मंच पर
होड़ में बेहूदगी गायें
वरन खुद को सम्हाले
लालचों में वो फँसे रहकर
मिले मौका लगा चौका
सभा में भाँट बन जाएँ

जख्मों से हम

जानकर ज़ख़्मी हुए
थे **मतऌ** वो
बेवजह वहमी हुए
बातों ही बातों में
बातें हो गईं
वो अचानक
आजकल इल्मी हुए
आये तो थे बाअदब
पर चल दिये
हम ठगे से
हाथ मलते रह गए
थी मोहब्बत या
वो मुँह की बात थी
बात करते-करते ही
बस चल दिये

अब तू ही बता ऐ रब मेरे

तेरा अंजाम भी क्या होगा
महामारी के इस अवसर पे
तेरा अब काम ही क्या होगा
छिपा बैठा कहाँ तू है
तेरे अपने बिकल सब हैं
नुमाइंदे जितने हैं तेरे
उनसे बदनाम तू होगा
नाथ दीनों के हो प्यारे
हुनर दिखलाओ तो आकर
दीन सब हीन बैठे है
उचक्के देव हैं बनकर
गरीबों की सियासत
तुम भी करते हो मुझे लगता
वरन अब तक दौड़ आते
द्रौपदी के ही द्वारे तक
महाभारत छिड़ेगा तब ही
आओगे चक्रधर क्या
सभी जब मर चुके होंगे
तेरे आने से क्या होगा

थी प्रीति जहाँ की रीति सदा

वहाँ बदल गया मंजर सारा
हर गली मोहल्ले लाशों से
हैं पटे देख जन मन हारा
कुछ लोग लोभ हित निज साधन
बर्बाद गुलिस्ता करते हैं
बुद्धिमान सब काँप रहे
मूरख के चरण पकड़ते हैं
सोने की चिड़िया निर्वस्त्र हुई
बिटिया भी काँधा बाप को दे
क्या करें मित्र किसको कोसें
सब घायल अपने पाप से है
हर ओर मची है लूट मार
हर व्यक्ति लिए घूमें कटार
कुत्तों की तरह भौंकते हैं
टुकड़ों पर भाई करें रार
माता चुपचाप हैं सदमें में
हैं पिता अनाथालय बैठे
भाई बहना को देख जलें
मुँह फेर के हैं बैठे ऐंठे
सब हुई कल्पना ध्वस्त
राम के राज कृष्ण के द्वापर की
अर्जुन भी हुए निकम्मे अब
मूरत रो रही चक्रधर की
विचलित हैं कमजोर यहाँ
ताकतवर सब आतंकी हैं
ईश्वर भी है क्या पता कहाँ
सबकुछ लगता नौटंकी है

लिखते लिखते लिख गया

जब मैं गीत हज़ार
तब जाकर लगने लगा
मेहनत सब बेकार

पढ़े लिखे सब दुःखी हो चुके
सिर धुनकर पछताते हैं
चोर उचक्के नेता बनकर
दिनों रात गरियाते हैं

कारण सिर्फ एक ही दिखता
लालच सब पर हावी है
वर्ना कहाँ थी हिम्मत किसमें
मेहनत असली चाबी है

जज़्बातों की रव में बहकर
लोगों ने कुर्बानी दी
माँ बापू घर बार छोड़ कर
सीमा पहुँच जवानी दी

नालायक सब घर में छिपकर
बने विभीषण घूम रहे
चोरी करके अपने ही घर
सज्जन जन को घूर रहे

हुई व्यवस्था इतनी गड़बड़
बच्चे पढ़ना न चाहें

देख-देख दुर्जन लोगों को
सज्जन जन पर मुस्काये

मेरे बच्चे मुझसे कहते
पढ़ लिख आपने किया ही क्या
छन्नू भैया जेल से छूटे
जीत के दिल्ली लिया न क्या

क्या है जरूरत पढ़ने की अब
जब जूती ही पोंछना है
नेता बन कर खा के दुलत्ती
जीवन मौज लूटना है

फ्री की पेंशन कैसी टेंसन
'व्य' से है ब्यभिचार
मस्त रहो लड़ झगड़ लूट लो
कण कण भ्रष्टाचार

टूटकर चाहा था जिसको हमने

तोड़कर मुझको छोड़ा उसी ने
फूटकर लाखों कंधों पे रोया
लूटकर लुट गया वो जमीं से

खत लिखा लिख के रखा वजू पे
नाम उसका लिखा न कभी फिर
जिसको मैंने था दिल से लगाया
खुद को मैंने बचाया उसी से

बादलों से घिरा आसमाँ है
आँसुओं में पिघलती शमां है
पास से पास होकर वो निकले
बदनुमा की तरफ छुप के जैसे

रहनुमा जितने थे रहजनी में लगे

बागबाँ बाग में बदगुमा हो गए
दासतां में हुनरमंद झुक कर खड़े
जेबकतरे सभी आसमाँ हो गए

देश की शान में सीना ताने खड़े
खेत खलिहान में दाने दाने खड़े
सरहदों पे खड़े रूह से कुछ मिले
जो खड़े थे यहाँ लूटते रह गए

आँख से पर्दा उठता नहीं अब **मतङ्ग**
आँख से आँसू आये कटे गर पतंग
गुल को तोड़ा है माली ने बस रात दिन
बाग के बाग उल्लू बसंत हो गए

दर्द है मर्द हूँ पर हूँ नामर्द सा
हाथ चोरी में चेहरा हुआ जर्द सा
दो जिगर जान थे जो कभी कह रहे
जान लेकर हमारी रफू हो गए

विद्वानों की बात करें क्या

विद्या चरणों की दासी है
गली गली थूकी जाती है
चोरों संग रुआंसी है

पढ़ लिख कर जो खड़े बहादुर
चरण दास के चरण गहें
निजी लोभ लालच के चक्कर
गलबहियाँ पिद्दी से करें

ले उम्मीद जो सत्य की आस में
ईश्वर को गाता फिरता
वो 'बेचारा' बना हुआ है
नई सुबह बस 'पर' गिनता

झूठ फरेबी अत्याचारी
बगुले गंगा तट घेरे
एक टांग पे मछली ताके
ध्यान मगन हरि को टेरे

सत्य डरा है अपनों से ही
झूठ की पहुँच तो झाँसी है
लक्ष्मीबाई नहीं मिलेगी
महलों भरी उदासी है

जिनको समझा लक्ष्मीबाई
वो लक्ष्मी हित नंगी हैं
विद्या देवी खाएं जलेबी
मंचों बीच फिरंगी हैं

दिल पर कभी लगती नहीं

दिलदार नहीं हूँ
दिल टूटता रहे
निरा बीमार नहीं हूँ
मस्ती में लिखा करता हूँ
बस मस्ती के लिए
ये दिल्लगी है
दिल का तलबगार नहीं हूँ

एक एक पाई के लिए

नंगे हुए जमीर
चाहे राजा कलयुगी
चाहे मियाँ फकीर
लालच पलटी हवश में
बड़ी हुई कद काया
पेट भर गया कितना खाएं
सबको खूब नचाया
नांच रहे हैं लोग
जमीने जलती भरी दुपहरी
जुम्मन चाचा छप्पर बाँधे
गट्ठर भरे कशहरी
बातें हो गईं बहुत
कर्मफल भोगो तात सुवीर
कथनी करनी गर इक होवे
क्यों कोई बने फकीर

मंच पर जुगाड़ से

कबाड़ बिक रहे

छोटे से छोटे
नए सब रुमाल बिक रहे

मस्त गगन शाम होते
होते ही गयी

चंद्रमा के दाग
सरेआम दिख रहे

बगुलों ने लिया जगह
यहाँ कोयलों की अब

कौये भी तो अठखेलियों के
दांव चल रहे

है देखने की चीज बनी
शेरो शायरी

ताल को मिला के
सब गुलाल हो रहे

कोई यूँ ही

चरित्रहीन नहीं होता
कोई यूँ ही
जुबाँ से हीन नहीं होता
कभी फटे पैबन्द को
नज़दीक से तो देखो
कोई यूँ ही
तमाशबीन नहीं होता
जुबाँ की कीमत
मालूम क्या उन्हें साहब
पेट की भूख से
कोई मुस्तकीम नहीं होता
गुलिस्तां में गुलों का खिलना
लाजिमी है जनाब
कोई यूँ ही
नाजरीन नहीं होता

क्या पता किस ठौर पे

दौरे मुलाकात हो जाये
मुलाकातों के दरमियां
अहले जज्बात हो जाये
बाअदब हँसते
मुस्कराते भी रहो **मतङ्ग**
क्या पता कब
सुबह ही शाम हो जाये
वो अगर मगरूर हैं
तो रहने दो
आदती मजबूर हैं
तो रहने दो
उन्हें है इल्म कि
वो ही खुदाई कुदरत हैं
क्या पता कब उनका भी
इल्म आम हो जाये
शामें जिन्दगी भी
तोहमात हो जाये
खालिश जीना ही
बलात हो जाये

हे माँ तेरे लाल का

आज है हाल बेहाल

भ्रम सारा ओझल हुआ
अब न कोई मलाल

था मैं तब बेताज माँ
अब हूँ मैं सरताज

फिर भी घुटकर रह गए
शेरों से अल्फाज

स्वाभिमान में जी रहा
आज भी तेरा मतङ्गं

चाहे जो हो जाये माँ
करूँ न किसी को तंग

झुका नहीं है सर तेरा
देख ले मेरा कमाल

भूखा हूँ पर हँस रहा
अपनों में फिलहाल

नहीं पता मुझको

कितने दिन जीना है
हाला का प्याला
गिन-गिन कर पीना है
जिनको अपना कहा
पराये बने रहे
जीवन भर घुट-घुट कर
सबरस पीना है
पैबन्दों को चाक किया
चौबंद किया
दीवाना दिल राख किया
गुलुबंद किया
फिर भी बस मैं ही
इक नालायक ठहरा
कान बंद कर लिया
हो गया हूँ बहरा
माँ बापू की याद बहुत
तड़पाती है
मौला को भी याद
मेरी न आती है
काश! बुला लेता जो
तो सब खुश होते
कांटा जाता निकल
राह भी चल लेते
दुनियाँ में बस
एक 'मतज्ञ' कमीना है
बाकी का विषदंश भी
असल नगीना है

नित नूतन बस

ओज भरी लिखता रहता
लिए दाल
कुछ सीनों पे दलता रहता
देखा तो यारी ही
बस बेगारी थी
दे अल्फाजी धार
नमन लिखता रहता
सत्य झूठ अब
त्रस्त यहाँ मुहजोरों से
उठा के सिर
वंदे भारत लिखता रहता
सुनना है तो सुनें
वरन रस्ता देखें
सत्य मार्ग बेखौफ
रोज चलता रहता

कुछ जातिगत

कुछ धर्मगत
कुछ भूमिगत
बनकर भगत
लूटे पड़े सब
ये जगत
टूटे पड़े
होकर अथक
है कौन जो
तोड़े मिथक
है जिंदगी
ये उठा पटक
मौका मिले
लेते गटक

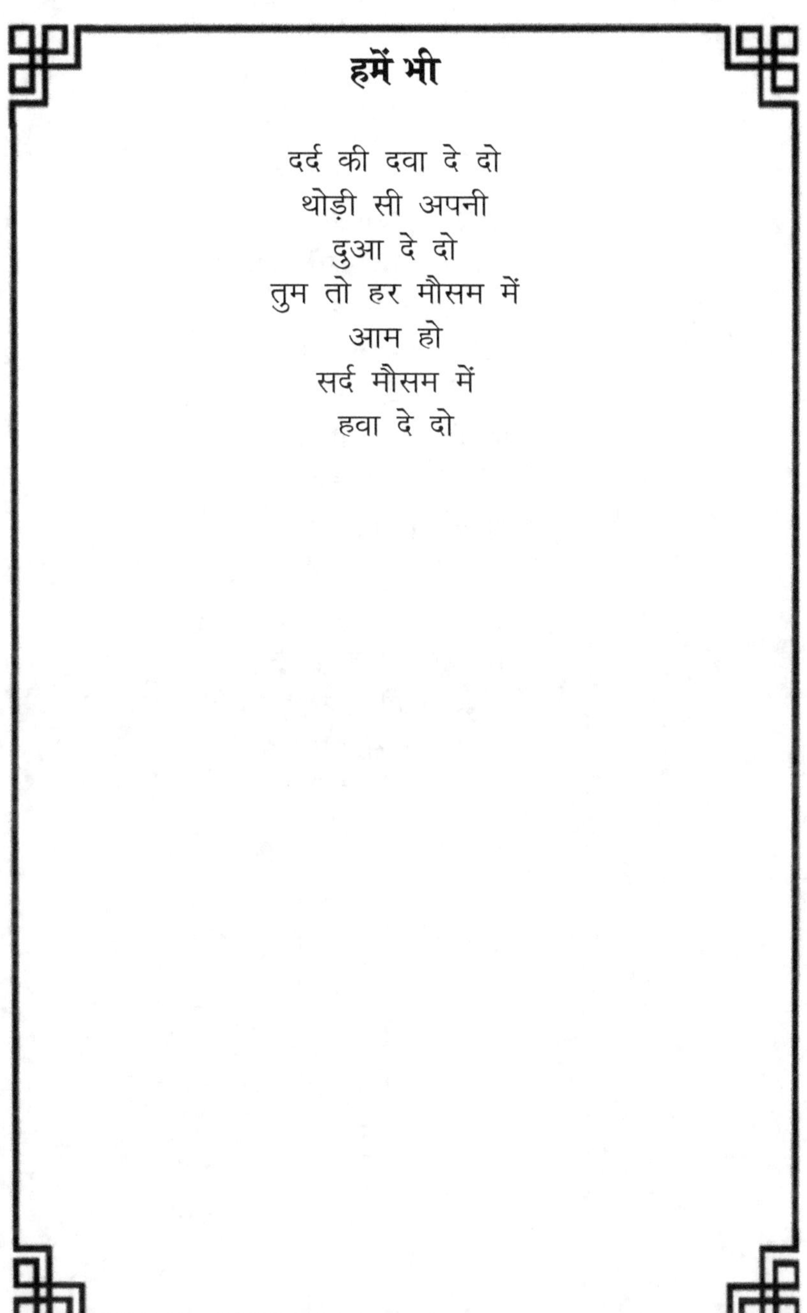

हमें भी

दर्द की दवा दे दो
थोड़ी सी अपनी
दुआ दे दो
तुम तो हर मौसम में
आम हो
सर्द मौसम में
हवा दे दो

क्या करें

किस बात का शिकवा करें
उसूलों पे आ जाये
तो हरगिज अड़ें
बात छोटी या
बड़ी हो मोहतरम
हो सके तो
सर को ऊँचा ही करें
मुर्दे भी क्या खाक
चल पाएंगे अब
चार के काँधे चले
जो उठ पड़े
जिंदा हो गर तो फिर
बताते ही रहो
क्या पता किस मोड़ पे
सजदा करें

गम किसका किस बात का गम है

किसका गम अब किस से कम है
बस जो चले तो सबका हजम है
सेवा पर खूब लिखी नज़्म है
गाते फिरते नई बज़्म है
सेवा का भरते सब दम है
लूट मचे तो किस से कम है
मौसेरे भाई हमदम हैं
कौन है कम हम किस से कम हैं
गंगा तट पर एक पैर पर
टोहते मछली राम कसम है
नारों के बल सब में दम खम
पीठ के पीछे छोड़ रहे बम
'नाग' की पूजा बड़ी रसम है
जिंदा दिखे तो करें खतम हैं

हम भी सुने तुम्हारी

तुम भी सुनो हमारी

तब जाकर कहीं चल पाएगी
यार मतंगी यारी

मूरख जैसे घेर जगह
जब बीन भी न सुन पाते

न लिख पाते न पढ़ पाते
झूठी अकड़ दिखाते

न मैं देखूँ मुखड़ा टुकड़ा
न देखूँ दरबारी

हटा रहा हूँ ऐसे जैसे
काट रहा तरकारी

मैं अलबेला निपट अकेला

माँ के आँचल छाँव
माँ ने हाथ रखा जो सर पे
धरती पड़े न पाँव
सभी देवता माँ में दिखते
माँ की शक्ति अपार
माता तो जगजननी होती
जन्म दिए करतार
माँ की महिमा कहाँ बखानू
भजूँ मैं गोद की छाँव
क्या माता क्या परमपिता
हैं दोनों एक ही नाव
विनती उनसे है मेरी
माँ है जिनके गाँव
चरण बंद सेवा करो
पहुँचो श्री हरि ठाँव

डीजल और पेट्रोल

सभी पर भारी हैं
दारू, भाँग के ठेके भी
सरकारी हैं

दाल ने शतक लगाया
हर कोई चौंक गया
घर में सबकी दवा भी
लिए उधारी हैं

सरसों तेल ने
क्रिकेट की नाक भी काट लिया
बना घुरहुआ अब
बड़का अधिकारी है

कैसे पालें, पोसें
हे प्रभु बच्चों को
महँगाई तो
बहुत बड़ी बीमारी है

मैं था मेरे लोग थे

और थे छप्पन भोग
बाहर जो भूखे मरे
उन्हें थे सारे रोग

खुद ही सब शाकी बने
पंडित मुल्ला नेता
चाहे वो दिन भर लेता हो
चाहे हो अभिनेता

नहा रहे और खा रहे
सारे नाटकबाज
पीकर रोग भगा रहे
बड़े बड़े सरताज

झूठमूठ का ढोंग है
मुफ्त का माखन भोग
सत्य लिखूँ तो कटु लगे
न लिखूँ तो योग

कलम गही है हाथ

लाज तो रखनी है
महँगाई की मार
सभी को चखनी है

चोर उचक्के मजे में हैं
घर लूट लूट
मेहनतकश को
धनियाँ नमक की चटनी है

नहीं मलाल है कुर्सी का
उसकी इज्जत
कुछ बचा भी है तो
नाक कटाती पत्नी है

जिनकी अपनी वो तो
कुछ हद ठीक भी हैं
जिनकी नहीं
न जानें कितनी पटनी हैं

फैशन में अय्याशी में
माँ तक भूले
जिसने टोका उसकी
गर्दन कटनी है

कलफ लगाए
रंग बदलते कुर्ते का
नीचे देखा सबकी
सबने पहनी है

कहने पे किया गर किया

तो क्या गजब किया
गरीब घर नसीब से
जलता ही है दिया
रकीब तो हबीब
कभी बन नहीं सकता
कुछ पूँछ ही लिया तो
तूने क्या गजब किया

पत्नी पे क्या लिखूँ

जो जिंदगी सँवार दे
जीवन में साथ रहके
मेरे कुल को तार दे
जब-जब, जहाँ-जहाँ
मुझे मझधार मिला है
तब-तब, वहाँ-वहाँ वो
साहस अपार दे
ईश्वर किसे कहते हैं
लोगों का विषय है
'माँ' का स्वरूप भी है
कैसे नकार दें

देखा बड़े करीब से

मैंने तेरा निजाम
तुझको है बस गरीब से
अपना ही निजी काम
जो लोभ में अपने ही
नजरबंद सा हुआ
ठुकरा दिया उसे
मेरे उसूल ने तमाम

रकीब ने हबीब का

जामा पहन लिया
'जिल्ले इलाही' बनके
खानसामा निकल लिया
आई जो बात एक दिन
तो पोल खुल गई
दुम दबा के 'खाल' से
गीदड़ निकल लिया

अजगर करे न चाकरी

'नेता' करे न काम
दोनों एक ही स्वांस में
करते काम तमाम

पशु, पक्षी, मानव सहित
रोते मिलें मतङ्ग
इक दिन के आशीष से
पाँच वर्ष तक तंग

अजगर कुछ न बोलते
केवल लेते स्वांस
ये बस केवल बोलते
वर्ष पांच सन्यास

अंत समय आकुल दिखें
समझ के काम तमाम
गंगू राजा भोज बन गए
मरते रहे छदाम

आम जनों को जान के लाले
बुद्धि न देती काम
पशु पक्षी दाने को तरसें
सड़क पे मरें किसान

क्या करूँ

कुछ याद अब आता नहीं
कौन है जो
अब खुदा कहलाता नहीं
पहले मकां
अब बस्तियाँ भी जल रहीं
कौन है जो
आग सुलगाता नहीं
थे भरोसेमंद पर
दिल के थे वो काले बहुत
आस्तीनों में
साँप थे पाले बहुत
डस लिया सांपों ने
मेरे यार को
भूलकर भी अब न
बल खाते बहुत

सत्य है गुनाह

मेरे राम तेरे देश में
झूठ को पनाह
मेरे राम तेरे देश में

हर वर्ष तू जलाता है
रावण गली-गली
रावण की वाह वाह
मेरे राम तेरे देश में

कारण है क्या तू ही बता
गर तुझको पता है
धोबी के झूठ मुझको पता
तू भी झुका है

माता को छोड़
धोबियों का मान रखा है
लव कुश के विरह
झूठ का मजा भी चखा है

आज के समय में भी
है सत्य परेशान
लूट झूठ में जो लगे हैं
वही हैं महान

देख ले दिखे जो
गुलिस्तान तेरे देश में
खिल नहीं रहे हैं गुल
मेरे राम तेरे देश में

वेश बदल बहुरूपिये

ठोक रहे हैं ताल
मेहनतकश सेवा करें
चोर काटते माल

जाहिल जन सबको ठगें
गाल हो रहे लाल
जो जन जीवन दे रहे
उनको कहें दलाल

यहाँ निरंकुश हैं सभी
चोर और चांडाल
सीमा पे गोली चखें
भारत माँ के लाल

कभी न ये उम्मीद थी
जो देखा अब हाल
जन मन बिल्कुल त्रस्त है
फिर भी नहीं मलाल

मुख में राम

बगल में छूरी
फिर भी हैं
सबकी मजबूरी

लालच में
मौसेरे भाई
दोनों ने है
धूम मचाई

दोनों लूटें
आम जनों को
मेहनतकश से
करें कमाई

मगरमच्छ सब
चकित रह गए
बगुलों ने जब
मछली खाई

संतों की छवि कर रहे

कालनेमि बर्बाद
अरबों खरबों लूटकर
करें जेल आबाद
'संत हृदय' को चाहिए
इन्हें चटायें धूल
दुष्टों को जो फूल दे
उनको दें त्रिशूल
संत हृदय सज्जन सुजन
सब हों सबके साथ
इनको बढ़िया सबक सिखाएं
हों प्रसन्न रघुनाथ
संतों का ही देश है भारत
हो चाहे जो पंथ
सब मिल लाज रखें भारत की
सीमा रहे अनन्त

अज्ञानी अब ज्ञान दें

फिल्मी मंच सजाय
ज्ञानी मूक बने बैठे हैं
रहे कमीशन खाय

जिम्मेदारी छोड़ भगे जो
वही बघारें ज्ञान
कोई बना मखमली बगुला
किसी की नंगी शान

मेहनत करके जो खाते हैं
उन्हीं की सब हैं खाते
झूठ बोल कर मूर्ख बनाते
तन मन धन अपनाते

सबसे अधिक उन्हीं पर सबकुछ
जो जितने मक्कार
जिसका लेना कभी न देना
किसका नहीं उधार

तलवा चाट-चाट जा बैठे
कुर्सी पर इतरांय
कभी नहीं फिर मिले दुबारा
वर्षों बीता जाय

धूरत लड़ा रहे मूरख को

हे माँ तेरी गोद
जा तू अब प्रभु पास हमारे
मारें निशिचर शोध

लालच इतनी बढ़ी यहाँ माँ
ईश्वर बेचे जाते हैं
धूरत निजी स्वार्थ में माता
उनका नाम भुनाते हैं

रावण हँसते रहते माता
सज्जन जन पर रोज
सज्जन जन जीवन को तरसें
दुर्जन छप्पन भोग

देवों में जो महादेव हैं
मस्त भंग की ओट
हे माँ अब तू ही कुछ कर दे
धूरत जाएँ लोट

अपने भीतर झाँक के देखो

तुमको सब दिख जाएगा
खुद को पढ़ो खुदी को भूलो
खुदा नजर तब आएगा

धूरत मंच सजाए बैठे
सबको मूर्ख बनाते हैं
झूठी बातों में उलझा कर
'एका' की हँसी उड़ाते हैं

मूरख अपनी नासमझी से
सबसे लड़ता जाता है
धूरत अपनी चालाकी से
मूरख का ही खाता है

सत्य यही है खुद में झाँको
ईश्वर का दीदार करो
हिल मिल रहो एक जुट होकर
परमपिता को प्यार करो

एक ही धरती एक गगन है
एक सितारे एक चमन
निजी लाभ में कुछ लोगों ने
छीना सबका अमन चयन

देश की रक्षा जन मन रक्षा
धर्म एक हो इक भगवन

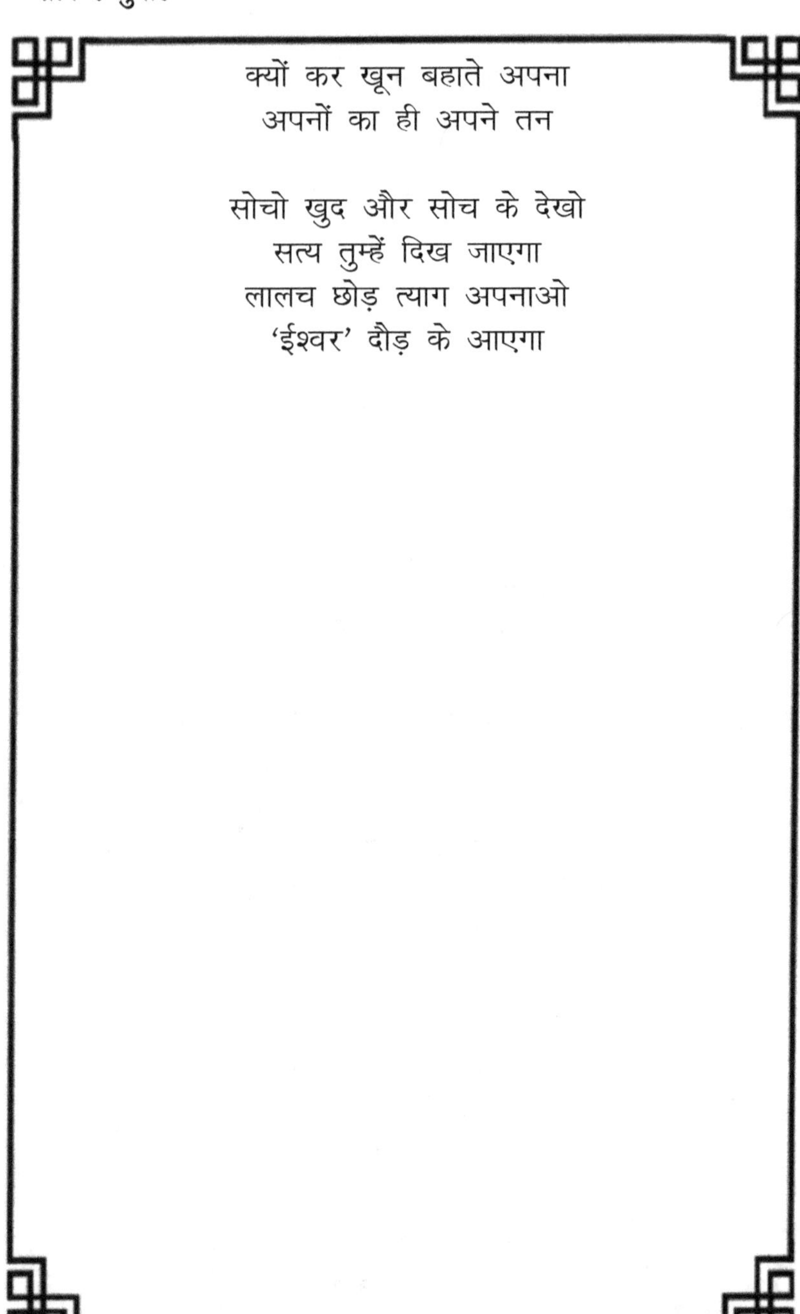

क्यों कर खून बहाते अपना
अपनों का ही अपने तन

सोचो खुद और सोच के देखो
सत्य तुम्हें दिख जाएगा
लालच छोड़ त्याग अपनाओ
'ईश्वर' दौड़ के आएगा

दिखावा बदसलूकी छोड़ दें

यदि हर हुनर ताहिर
सुधर जाए ये दुनियाँ एक पल में
है ये जग जाहिर

बात कड़वी है पर सच है
सच्चाई कड़वी ही होती
हर इक आदम जो काबिल हैं
लूट में हैं यहाँ माहिर

वो खाने को तरसते हैं
कौड़ियों भाव बिकते हैं
चले ईमान पर अपने
जमाने में जो हैं शाकिर

जिन्हें अधिकार मिल जाता
देश को लूट खाते है
बताते हैं शरीफों को
जमाने में हैं ये काफिर

लूट कर दूसरे का हक
बने तहजीब की मूरत
बने बगुले यहाँ पर
आजकल सबसे बड़े जाकिर

जिंदगी उनकी भी तो है
जीना उनका ज़रूरी है
बेरुखी छोड़ कर 'साहब'
उन्हें भी जीने दो आखिर

दूरियाँ बढ़ती जाती हैं

लालचों से मेरे भाई
पेट भर जाए तो उनको
एक रोटी ही दे देना

हैं भाई वो तुम्हारे
तुम जिन्हें मोहताज कहते हो
फर्क ईमान का है बस
सोच कर देख तो लेना

लगा लो तुम गले उनको
पिओ कुछ अश्रु भी उनके
खुदा खुद मिलने आएगा
इल्म की बात रख लेना

मोहब्बत में हवश तक ही
सिमट कर जीना क्या जीना
मोहब्बत को जिओ जी भर
खुदी को पाक कर लेना

मैं और मेरे पिता

वो ही हारे मैं जीता
उनके कंधों पर जब बैठा
लगा मुझे मैं जग जीता
कुछ आने और टूटी साइकिल
कठिन परिश्रम गीता, बाईबल
थककर चूर जब वो आते थे
कंधे बिठा घुमाते थे
टॉफी मस्त सन्तरे वाली
भूल कभी न पाते थे
मेहनत तगड़ी कड़ी धूप में
तनिक नहीं सकुचाते थे
आना पाई जोड़-जोड़ के
मुझको खूब पढ़ाते थे
हर तकलीफ छिपा कर मुझसे
हँसते थे मुस्काते थे
चुपके से वो मेरी जेब में
कुछ पैसे रख जाते थे
मेरे लिए सदा वो हारे
केवल मुझे जिताते थे
अंत समय जब उनका आया
मुझको लगा मैं 'हार' गया
पिता काठ सिंहासन लेटा
छोड़छाड़ घर बार गया
अबकी चूक हुई थी मुझसे
मेरा घर संसार गया

पहली बार **मतङ्ग** था रोया
रो-रो कर थक हार गया
स्वर्ग विमान से पिता चल पड़ा
अबकी बाजी मार गया

बेटी बचाओ बेटी पढ़ाओ

पानी बचाओ पेड़ लगाओ
मौका मिले तो चौका खेलो
अपनी इज्जत बेच के खाओ
'नारों' की बस यही नीति है
हाथी वाले दाँत दिखाओ
लूट मार कर खूब कमाओ
जाति धर्म की आग लगाओ
नेता, धर्म गुरु बन जाओ
मेहनतकश की कठिन कमाई
बैठ के अपने घर में खाओ
निजी लाभ में घर-घर जाकर
दीवारों के पैर दबाओ
किसी तरह जो पद मिल जाये
सबको नंगा नाँच नचाओ

उसकी जिद है कि

मैं उससे लड़ने आऊँ
मेरी हद है कि
कैसे न लड़ने जाऊँ
चंद जुगुनू भी
थूकने चले हैं सूरज पे
रार ठानूँ न क्यों
कैसे चुपचाप सिमट जाऊँ
हम तो बबर शेर हैं
झुण्ड भेड़ की फना कर देंगे
कोई रोके तो उसको भी
दफा कर देंगे
कोई रावण हो
कैसा भी आतताई हो
हम तो लंका भी उसकी
राख में मिला देंगे

लुटता अगर गरीब है

पिटता भी है गरीब
पिटते पिटाते बच गया
कटता भी है गरीब

मौसम हो उमस का तो
वो बर्दाश्त भी करे
दरबारी मौसमों में ही
घुटता रहा गरीब

घुट-घुट गुजारता रहा
वो सारी जिन्दगी
कर्जों को पाटता रहा
सदा यहाँ गरीब

इंसानी फितरतों में ही
पला यहाँ गरीब
जिस्मानी फितरतों में ही
बढ़ा यहाँ गरीब

पैदा हुआ गरीब ही
गरीब रह गया
जीते हुए गरीबी में ही
मर गया गरीब

वोटों की राजनीति का
है 'रब' बना गरीब

रहता है अपने आप से
जुदा यहाँ गरीब

हर दिल का आईना
बना हुआ यहाँ गरीब
महलों की ईंट-ईंट में
बसा हुआ गरीब

स्वागत में सारथी बना
खड़ा हुआ गरीब
सेवा की सेविका बना
पड़ा हुआ गरीब

रूहानी मोहब्बत को
तरसता रहा गरीब
जिस्मानी मोहब्बत में
सिमटता रहा गरीब

नजरों में अमीरों के है
सड़ा हुआ गरीब
सबकी जरूरतों पे है
खुदा बना गरीब

हुए मशहूर हैं बालम

बड़े मगरूर हैं बालम
लगे चमचे बहुत पीछे
नशे में चूर हैं बालम

चमचियां भेंट करतीं हैं
लिपटकर भेंटती भी हैं
मगन भरपूर हैं बालम
कि मोतीचूर हैं बालम

इधर सीमा उधर सलमा
बीच बैठे बनके बलमा
घिरे पश्चिम के हूरों से
लगे लंगूर हैं बालम

नोट से वोट लेते हैं
वोट से नोट ही लेते
वादे कर-कर के होंठों से
हुए कोहिनूर हैं बालम

स्वदेशी बात करते हैं
विदेशी स्वाद ले-ले कर
विदेशी ही लिए घूमें
खुदा के नूर हैं बालम

नोटों का बंडल

होंटों पे जड़ा था
कोरोना भी घुटनों पे
सजदे पड़ा था

गटक बोतलें
सोम रस की कई इक
अकेले ही मैं
चाइना से लड़ा था

बेटे जो सीमा पे
डट कर खड़े थे
भाई बिभीषण सा
पीछे खड़ा था

आँखों के आँसू
बिना पोंछे मैं खुद
घड़ियाली आँसू
बहाये पड़ा था

वक्ती खुदा ढूँढते
रह गए आज
वैलेंटाइन मस्ती में
मैकद पड़ा था

गजब की थी लाइन
बिकी झूम वाइन

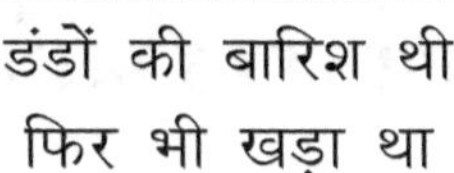

डंडों की बारिश थी
फिर भी खड़ा था

लिए सात फेरे थे
पंडित बुला के
उसी के ही गहने
मैं बेचे पड़ा था

हमारा भी ईश्वर
वही है जो तेरा
हमारा खुला
तेरा बन्द ही पड़ा था

बरपा कहर रोज
सड़कों पे प्यारे
शरीफों के ठेके पे
ताला जड़ा था

नामों की इस भीड़ में

नाम भजे न कोय
जैसी करनी कर चले
वैसी भरनी होय

कह **मतङ्ग** मैं पातकी
जो न कहूँ सच बात
जीवन में 'जीवन्त' हूँ
सौ की है इक बात

रहूँ या फिर मैं न रहूँ
नहीं तनिक रुचि मोहि
जीवित जब तक मैं रहूँ
लागूँ जिंदा तोय

ईश्वर अल्ला एक हैं
जानत हैं सब कोय
फिर भी देखें घूर के
मनुज नाहिं दनु होय

कर्ता है ऊपर खड़ा
मानत नाहीं कोय
काँधे चढ़ जब चल दिये
मूरख ज्ञानी होय

दिल ही दिल से कह रहा

अपने दिल की बात
खुद कहकर खुद खुश हुआ
पायी ज्यों सौगात

कहासुनी के खेल में
छूट गई थी रेल
दिल से दिल घायल हुआ
खुशी हुई बेमेल

रत्न जड़ित थी रेशमी
शोभे अंग तुरंग
था **मतङ्ग** चुप सा खड़ा
देख-देख हुड़दंग

तब का समय तो और था
अबका है कुछ और
तब थे वो पर्दे नर्शीं
अब हैं नंग-धड़ंग

मैं तो अदना ही रहा
मेरी क्या औकात
रुपया लूटें कफन से
कोई न पूछे जाति

बातों से काम नहीं चलता

बातें तो केवल बातें हैं
बातों से नाम नहीं चलता
बातें तो केवल बातें हैं
बातें ही बातें जब होती
तो रिश्ते महज सिसकते हैं
बातों से बातों का मतलब
कुछ रिश्ते खूब समझते हैं

बनकर रहा गुलाम

बहुत दूर तलक मैं
खोटी किया हूँ शाम
बहुत दूर तलक मैं

देखी जो राह दूर तलक
अंत न मिला
झेला हूँ सुबह-शाम
बहुत दूर तलक मैं

था ढूंढता मकाम
बहुत दूर तलक मैं
होता रहा हूँ 'आम'
बहुत दूर तलक मैं

गुरुवर का ही ज्ञान

हमारी ढाल बना है
गुरुवर की ही राह पे चलना
मन ने मेरे गुना है

पकड़ अंगुलिया माँ-बापू की
पहुँचा गुरु के पास
हाथ फिराया सिर पर गुरु ने
तुरत जगी थी आस

ईश्वर का ही स्वरूप समझ मैं
गुरु सेवा में लगा रहा
तरह-तरह के ज्ञान से प्रतिदिन
गुरु चरणों में पगा रहा

सचमुच कहूँ मित्र सुन मेरी
गुरु जीवन आधार है
बाकी तो पूरी दुनियाँ ये
मन चाहा बाजार है

गुरुवर की ही कृपा
मेरा ईमान यहाँ है
बाकी तो हर व्यक्ति
बड़ा बेईमान यहाँ है